マンガでわかる
ビブリオバトルに挑戦!

学校・図書館で成功させる

活用実践ガイド

マンガ原案・監修●谷口忠大

マンガ●沢音千尋

文●粕谷亮美

さ・え・ら書房

マンガでわかる
ビブリオバトルに挑戦!

Contents
目次

登場人物紹介

豊嶋中学

アイリ
アカネの同級生で
幼なじみ。

ケンジ
アカネの同級生で
幼なじみ。

アカネ
豊嶋中学校の２年生で
この物語の主人公。
本はそこそこ好き。
秀栄中学校のヒロトに
片想い。

トクヒロ先生
ビブリオバトルを広め
る謎の人物。
実は……？

ナツミ
アカネの同級生。
おとなしくて読書好き。

マツイ先生
豊嶋中学校国語教師。

豊嶋中学校校長
朝礼の話が
長いことで有名。

秀栄中学

ヒロト
秀栄中学校の２年生。
アカネとケンジ、
アイリの幼なじみ。
成績優秀で
本もよく読むタイプ。

レイナ先生
名門私立秀栄中学校
国語教師。

トクヒロ先生登場

それでは「ビブリオバトル」を開始します
一番手はアカネさん
あっ、あたしが紹介するのは
ミハエル・エンデルの「果てしないストーリー」です
「ビブリオバトル」とは本の紹介をするゲームである
あたしたちがなんでこんなことをしているのかというと

ひょんなことがきっかけだった
Mador
春休みの感想文だりぃ
（前日）
いくらどんな本でもいいって言ってもよー
五冊って
一、二冊ならなんとかなりそうなのに
あーあ
ヒロトも豊嶋中《うち》に来ればよかったのに
ドキッ
ヒロトが感想文写させてくれるわけないでしょ
ちっ
そうか
ヒロト君…
本の中身を知りたいなら

「ビブリオバトル」って
いうのを
やってみない？
「ビブリオバトル」？
人のを写しちゃダメだよ～
わ、わかってるよ…
そして
彼は
トクヒロと
名乗り
ビブリオバトルの
説明をしてくれた
あのねー
ビブリオバトルとは
五分間で
本の紹介をする
ゲーム
つまり
あたしたちに
とっては

五分で本の感想を聞ける
新しく本を読まなくてもいい
まだズル出来ると思ってるね
感想文は原稿用紙一枚で量は少ないし
フフフ…
あたしたちのクラスは別々本がカブってもおかしくないよね
ただ
本の紹介をするだけだったらゲームじゃなくてもいいんじゃや？
って思ったけど
どうせやるなら面白くやろうよ
僕も参加するよー
そんなこんなではじめたビブリオバトルのルールは大きく四つ

①発表する本は
必ず自分が
おすすめしたい本で
あること
—です
以上
時間
いっぱいまで
続けて
ぐだぐだで
いいから
②発表時間は
五分
01:25
カウンドダウンタイマー
③そして発表後
ディスカッション
（質問）
タイムが二〜三分
続編は？
この作者の
他の作品は
あるの？
そして
一番重要なのは
さて

一番読みたいと思った本は
④チャンプ本を決めること
これ！
勝った
…
ぐおー負けた！
まけた…
はッ
いや、勝ったとか負けたじゃない
ばッ
感想文！
…

アカネ
その本
貸してくれね?
あたしも
にまにま
「ビブリオバトル」は
あたしたちに
少しだけ
波紋を投じ
そして
新学期
アカネさん
ケンジ君
アイリさん
君たちの感想文
よかったよ
国語の
マツイ先生

結局、本五冊読んだね
オレ、五冊以上読んだわ
ビブリオなんとかだっけ？
あのゲーム「本を読みたくなる」ゲームだったな
だまされた感じはするけど
まあいいか
っていうか
またやりたいかも

ビブリオバトルは
本を紹介しあう
ゲームって
言ってたけど
それだけじゃない
気がする
そうだ
今日の始業式は
講堂だよ
知ってるかも
だけど
講堂って
イスある…
校長の
長話対策!?
校長の話は
五分で終わるよ
そういうもの
らしいから

ビブリオバトルって
いうのは
トクヒロさん!?
始業式利用して
先生方で
ビブリオバトルを
することになってね
あ、ビブリオバトルは
今年から授業に
取り入れるんだけど
やあ、感想文、
いいの書けて
いたらしいね

君たち新任のトクヒロ先生と知り合い？
新任？先生？
高校生かと思ってた…
えっ
そしてビブリオバトルは
あたしが思う以上に
大きな波紋を広げることになるのです

とりあえず、やってみる！

先生たちの模擬バトルが終わって

わが輩は犬である
校長の本がチャンプでした。

授業で実際にビブリオバトルをすることになりました
図書室
えーっナツミと一緒?

あいつちゃんとしゃべれるのかよ

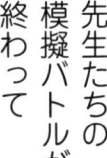

ゲーム中は茶化し禁止
ぎりぎり
その前後も
ちょっとごたついたけどやろうか
さて
…
ビブリオバトル補足ルール
ビブリオバトルルール!
ぎょっ
アカネさん
ビブリオバトルは何から始めるか覚えてますか?
え…えと
まず自分がおすすめしたい本を用意します

マンガでも
絵本でも
料理の本でも
かまいません
へえ……
トクヒロ先生と
知り合いなの？
ちょっとね
（トクヒロ先生は
あたしのクラスの
担任になりました）
ちなみに
ビブリオバトルの
開催方法には
三種類あって

コミュニティ型
(少人数で)
イベント型
(大きな会場で
少数の発表者が
多人数を相手に)
ビブリオバトル大会
学校では
イレギュラーだよ
そして今回みたいな
ワークショップ型に
分かれます
(多人数を班に分けて
各班一斉に)

と、トクヒロ先生が言ってた
いい感想文書けたんだから手伝いなさい
ビブリオバトルルール
えーっ
なにが感想文よ
ズルをするつもりがうまくしてやられた感じじゃないの
しかもあれから借りた本を読むのが大変なことに
ヒイイッ
わい
わい

変なの
前も思ったけど
本の紹介をしあうだけのゲームのはずなのに
なんだかわくわくするー
じゃーんけん
順番決めジャンケンでもくじ引きでも良いよ
オレが一番!?
…って
2番目……

この二人のこと
忘れてた
ナツミさん…
本はたくさん
読んでそうだけど
おとなしいタイプで
皆の前で
本の紹介を
するって
しかも
あんなことが
あった後で
ちゃんと
しゃべれるの
かよー

大丈夫だろうか…?
ナツミさんは大丈夫
トクヒロ先生
それより
彼は自分の心配をした方がよいと思いますよ
ぐだ
ぐだ
工場探訪
え?時間余ってる?
五分使って最後までしゃべってねー

いかん
さっきのことが
あったから
ちゃんとしゃべれるのかよ
びくッ
ちょっと
いい気味と
思ってしまう
はッ

前言撤回
本当に好きな本だったんだな…
はい
ディスカッションタイムです
あ、そうか質問
あの
その本の作者って他にどんな本を出しているんですか?
ナツミさん!!

そうそう
実はこの人
動物写真家でさあ！
そうか
ディスカッション
タイムも
違うかたちでの
「参加」なんだ
その後
ナツミさんは
話しやすく
なったのか
発表もスムーズに
そして
一番
読みたくなった本を
指さしてね
オレの本が
チャンプ本！
まけた…

やっぱりそうなると思ってたぜ
ナツミさんの質問に助けられたくせに
その本
ここの図書室では貸し出しできないんだね
借りたいんなら家に同じ本あるし
その…
いろいろって
オレの貸そうか?
さっきいろいろ言って悪かった
あたしがおとなしいのは本当のことだし
それに

そういうところうらやましいと思ってる
あたしはっきり言えなくて損することが多いから
だからうらやましいって
本ありがとう
楽しみにしてるね

ビブリオバトルにワクワクしてたのは
気づきかけていたからかもしれない
これが単に本を紹介しあうゲームじゃないってことを
本は読む人を表す
その人が読む本を知るということは読む人のことを知るということで
人を知るということは
人とのつながりが生まれるということなのだ

本を通して人を知る
人を通して本を知る
ビブリオバトルは、本を知るだけじゃなくて
ビブリオバトル ルール
えーっ
本の紹介を通して、その人のことも知ることができるんだよ。

くり返してこそのビブリオバトル

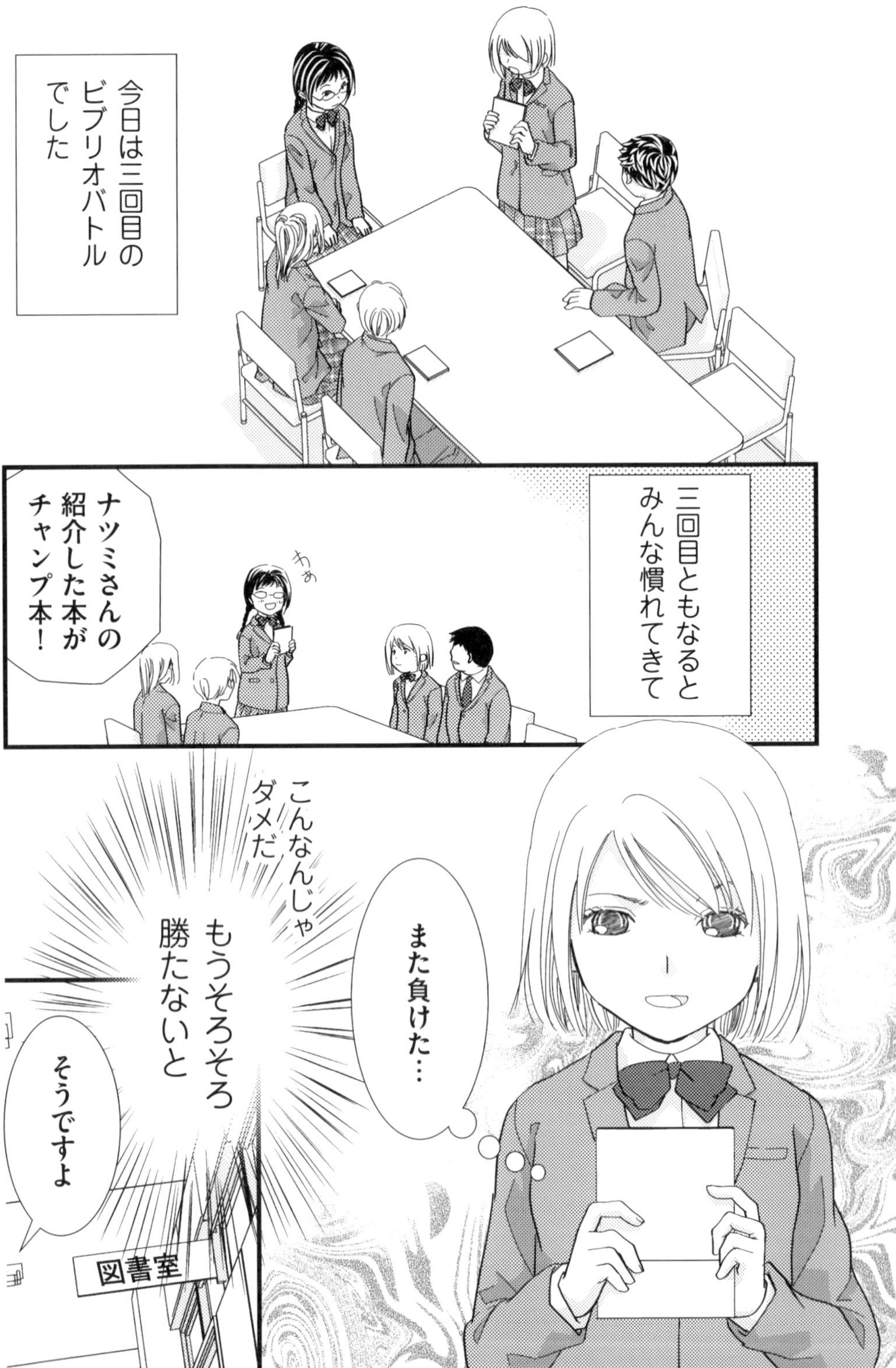
今日は三回目のビブリオバトルでした
三回目ともなるとみんな慣れてきて
わあ
ナツミさんの紹介した本がチャンプ本！
また負けた…
こんなんじゃダメだ
もうそろそろ勝たないと
そうですよ
図書室

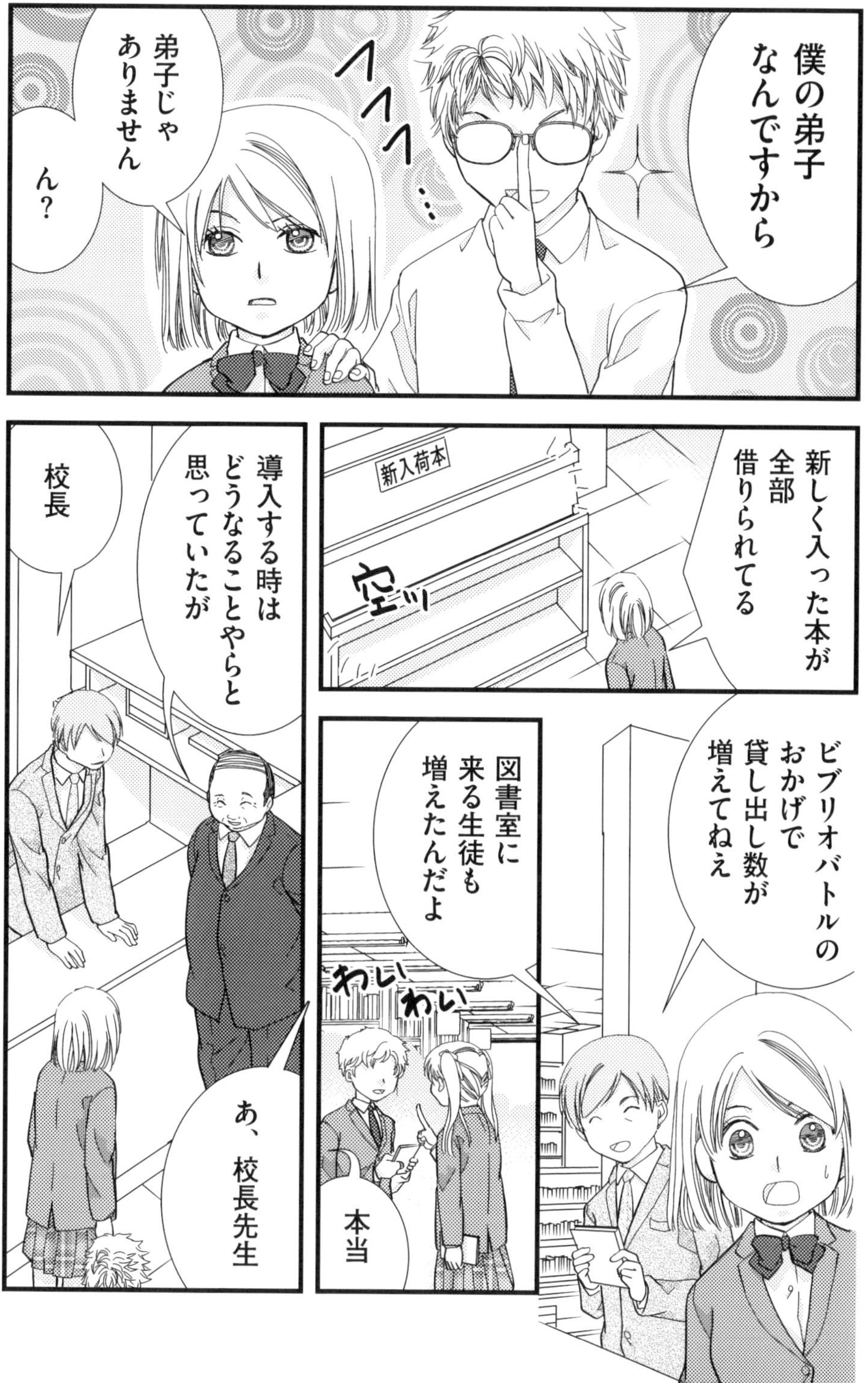
僕の弟子なんですから
弟子じゃありません
ん？
新しく入った本が全部借りられてる
新入荷本
空ッ
導入する時はどうなることやらと思っていたが
校長
ビブリオバトルのおかげで貸し出し数が増えてねえ
図書室に来る生徒も増えたんだよ
わいわい
本当
あ、校長先生

この本、犬がたくさん載ってましたよ
ぴくッ
何を言ってるのかな君は
しかしその本は見せなさい
いそいそっ
校長先生といえば
あのビブリオバトルには驚いたっけ
わしはこの本が大嫌いだ!
我が輩は犬である
冬目漱石
最後、犬が死ぬんだぞ
面白いだけに終わり方が雑すぎる
え
話の長い校長が五分にまとめる苦肉の策だったと聞きましたが
死ぬほど犬好きって知れ渡ってしまいましたね
ビブリオバトルがなかったら

校長のこんな一面を見ることはなかっただろうな
この本も…
わいわい
本は読むその人を表す…か
にしても
どうしよう
キーンコーン…
そろそろ紹介する本尽きてきたかも
うーん本ねえ
そういう理由だったら
ヒロトに連絡取っても不自然じゃないんじゃない？

不自然って
ヒロトが名門秀栄中に行ってから連絡してないんでしょ
え？アカネヒロトのこと好きだったの？じゃあ、ちょうどいいなヒロト、本好きだし
(ヒロトの家)
お久しぶり
20○○年○月○○日
元気？何か面白い本知らない
ビブリオバトルっていうのを最近
やっててね、それで面白い本が
なってメールしたんだ
…
ビブリオバトル……ねえ……
はーっ

誰がための
ビブリオバトル？

名門私立
秀栄中学
ええ授業は
順調ですわ
校長先生
ビブリオバトル
学校教育で成果
学校法人 秀栄中学校
大会も去年こそ
敗退しましたが
準備不足でしたし
今年こそ入賞
いえ、優勝を
狙います

マドロスバーガー Mador
同じ頃
久しぶり　アカネ
と　ケンジと　アイリ
何で　あたしたちまで
オレら邪魔だろ
だって緊張するし
しかし

豊嶋中もビブリオバトルやってるなんて驚いたよ
ヒロトの方こそ
去年からビブリオバトルをやってるなんて
わあっ
さすが名門私立秀栄中学！
はー…っ
？
去年は関東大会に出場させられた
関東大会？
ビブリオバトルに大会があるんだ
それに出たの!?
初戦敗退したけど

??なんか機嫌悪いけど
関東大会で負けたせいかな?
そうかじゃあ
ヒロトはビブリオバトルの大先輩ってわけだ
ビブリオバトルを知ってたどころか大会まで出たなんて
本当ビブリオバトルなんて
いいなぁ
うんざりだよ
ん?

ビブリオバトルがうんざり？
お前ら楽しんでるの？
先生が選ぶ本なんてつまらなくない？
先生が本を選ぶ？
発表原稿の準備だって大変だし
原稿？
原稿に先生が手直しを入れてくるし

手直し？原稿を書かせた上に？
去年はビブリオバトルを入れたばかりだったから
僕含め成績優秀者五人選ばれてやらされたんだけど
ヒロト君秀咲でも優秀なんだ
それも、最悪
大会を想定して大会形式そのままで
大会形式って確か
イベント型!!
え…と
その…
最初からクラス全員の前で発表
さらし者…
で、でもすごいじゃない

ヒロト君の本がその五人の中でチャンプ本に選ばれたんだよね
だから学校代表で関東大会に出られたんだよね
うんうん
大会に出る人は先生が決めたんだ
チャンプ本なんて決めてない
勝敗をつけたら生徒がかわいそうだって
えーっ
はーっ
……
うーん…

教育現場の迷走

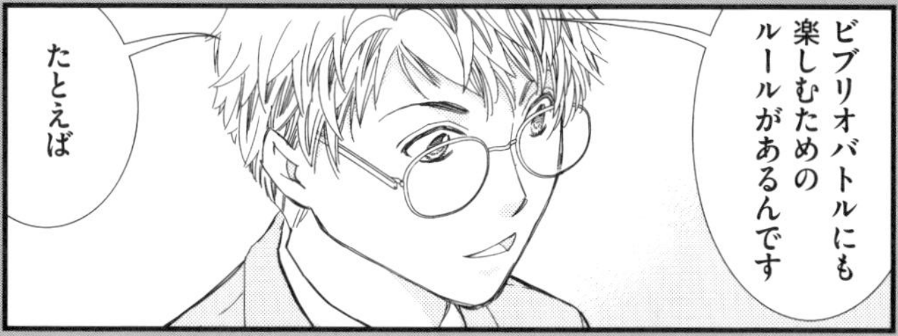
ビブリオバトルにも
楽しむための
ルールがあるんです
たとえば

秀栄中
それでは事前にお知らせしたとおり
学校法人 秀栄中学校
今年はビブリオバトルを授業に取り入れます
今年は全員参加でやりますね
ガタガタ
まずは班に分かれて
やり方は大丈夫よね
うちのクラスはヒロト君がいるし

はあ
少年少女文学集1
チャンプ本を決めないって
やっぱりヒロト君のところおかしいよ
って昨日みんなに言われたけど
おかしいのは向こう《アカネたち》だろ
原稿もなくて五分ももたせるんだ
あ
時間が余って…
2:01
原稿があってもうまくいかないのに
焦って早く読んじゃったかな
これで切り上げましょう 質問はある?
しーん…

えーと
じゃ、次の人にいきましょうか
チャンプ本は決めないいんですか？
間違っていないはずなのに
いいよねビブリオバトル
わいわい
何で
先生
すっ
ビブリオバトルは多数決でチャンプ本を決めるって聞いたんですが

わが校では勝ち負けを決めません
確かに資料にはチャンプ本を決めると書いてありましたが
勝敗をつけたらかわいそうでしょう?
はあ?
!?
トクヒロ先生
アカネたち!?
失礼
僕は豊嶋中のビブリオバトル担当教師トクヒロといいます

先ほどは外から すいませんでした
ごめんね ヒロト君
トクヒロ先生 昨日のあたしたちの 話を聞いてた みたいで
今朝 何、昨日の話
「本当の ビブリオバトルを 見せてやる」って 連れてこられたの
「本当の ビブリオバトル」？
ゴゴゴゴ
豊嶋中は 存じておりますが どなたの許可で 校内に？
くわっ
教師でも他校の人が 入るのには 相当の許可が いるはずですが
許可したのは 私だよ

校長
トクヒロさんはビブリオバトルの普及委員会の人でね
教育委員会からも一目置かれてる人なんだ
ムッ
うちとしても今年は大会に入賞したいし話を聞いてもらえないかな
じゃあよろしく
大会…入賞ですか…
教育委員会？
トクヒロ先生ってすごい人だったのかも
オレ何も考えてない人かと思ってた
ヒソヒソ
はーっ
…校長の許可なら仕方ないですが…
あっ
申し遅れました
私、ここ秀栄中学のビブリオバトル担当国語教師のレイナと申します
つまりあなたは

私のやり方に文句があると
超美トッ
全然ありません!!
ってヲイ!!
ニコリッ
レイナ先生の生徒に対する情熱はすばらしいです
ただ
トクヒロ先生
楽しくない
?

情熱が空回ってるというか
一言で言えばそこに尽きます
ビブリオバトルは楽しくなければいけないんです
ビブリオバトルの本質はゲームなんですから

本質は
ゲーム…?
ゲームには
楽しむための
ルールが
あるでしょう?
ビブリオバトルにも
楽しむための
ルールがあるんです
たとえば
気づいたことは?
アカネさん
え…と
こちらの学校では
本は先生が
決められるとか

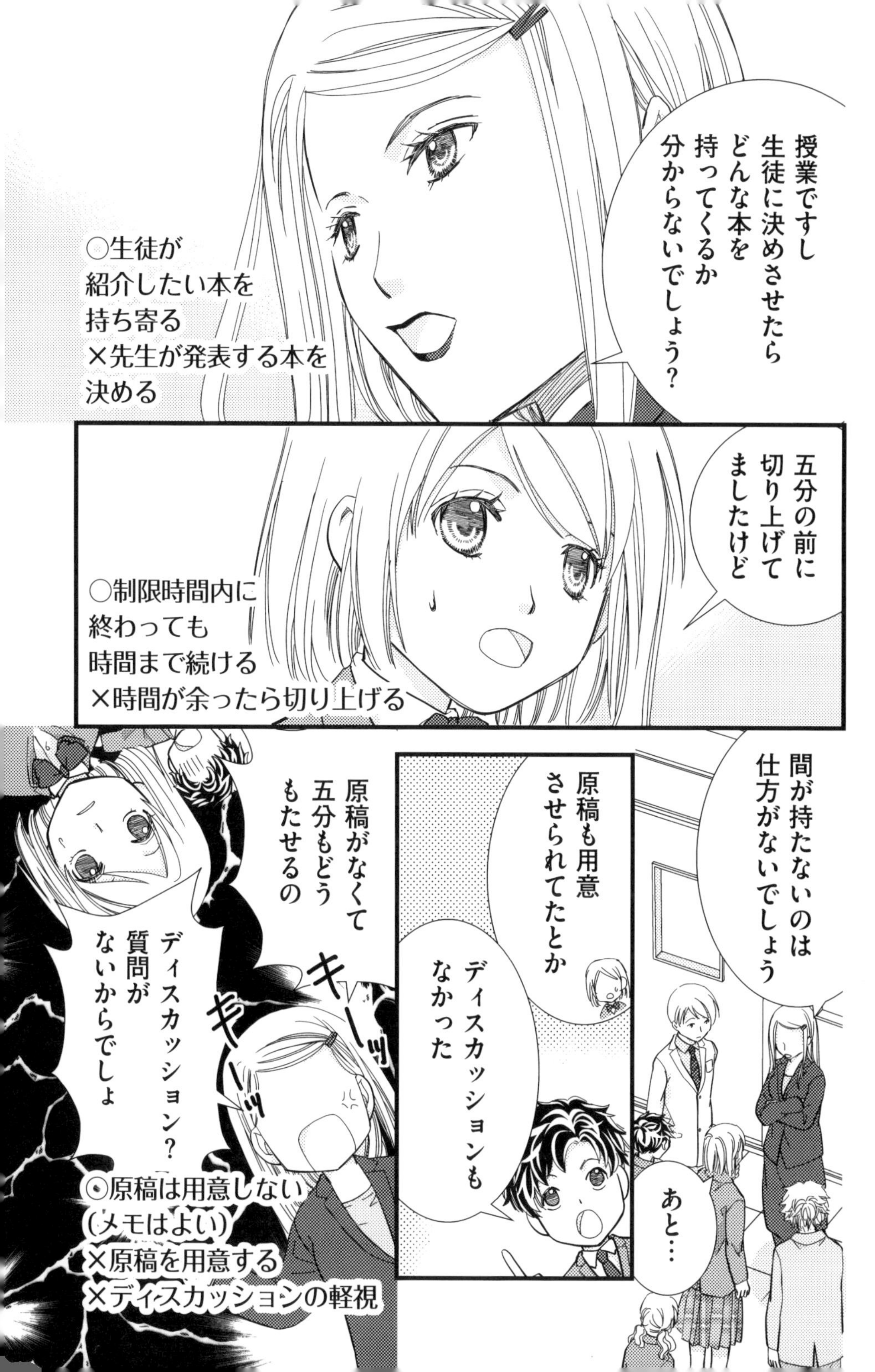
授業ですし生徒に決めさせたらどんな本を持ってくるか分からないでしょう?
◎生徒が紹介したい本を持ち寄る
×先生が発表する本を決める
五分の前に切り上げてましたけど
◎制限時間内に終わっても時間まで続ける
×時間が余ったら切り上げる
間が持たないのは仕方がないでしょう
あと…
原稿も用意させられてたとか
ディスカッションもなかった
原稿がなくて五分もどうもたせるの
キーッ
キーッ
ディスカッション?質問がないからでしょ
◉原稿は用意しない
(メモはよい)
×原稿を用意する
×ディスカッションの軽視

こえー
トクヒロ先生
あれじゃ美人でも
幻滅だろう
いや
アレはアレで
ツボみたい…
美人は怒った顔も
きれいだなあ
孤立無援
先生たすけて
そうだ、あと
気になったのは
チャンプ本も
決めて
なかった
ようですが
勝ち負けを決めたら
生徒がかわいそう
でしょう
あ、それ
別に負けても
ショックじゃ
ないです
悔しくは
あるけど

んー
一つ一つ説明するのもなんですし
キッ
ビクッ
僕らとぜひビブリオバトルをやってみませんか？
ビブリオバトル？私が？
先生、ビブリオバトルをされたことがないでしょう？
ひょっとして
知識もネットからですか？
何冊か本は読みました

じゃあ斜め読みされたんですね
本だと「必ず最初に先生方でビブリオバトルをやって下さい」と書いてあるはずなんです
そういえば
うちの学校の最初のビブリオバトルは先生たちだった
あれって重要なことだったんだ…
いやです
やらなくても大体は分かります
説明も結構
ビブリオバトルをやる時間もないですし

ほう……
ぷーん
ビブリオバトルを体験することが大切らしいってのは分かったけど
レイナ先生は無理なんじゃね？性格的に
そこをなんとか…
なるほど では
ビブリオバトルはやめましょう
え。
今回は説明だけにしましょう 後でゆっくりお話ししますね
僕と二人で食事でもしながら
即答
（ビブリオバトルを）やります
ガーン
はー
トクヒロあいつ……

ビブリオバトルをすることで、
たとえばこんな4つのメリットがあるんだよ。

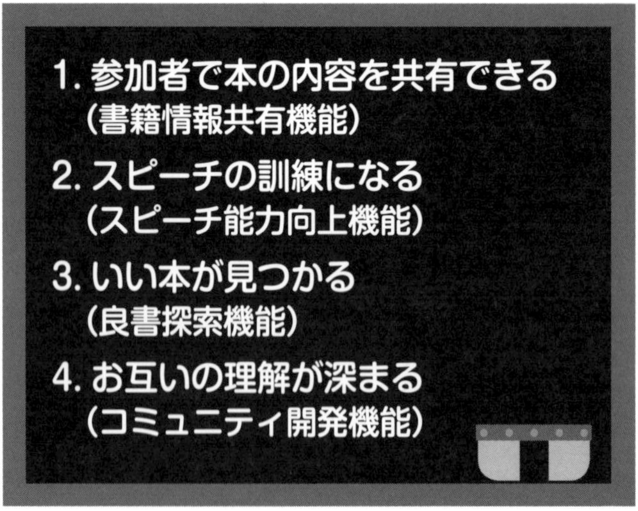
1. 参加者で本の内容を共有できる
（書籍情報共有機能）
2. スピーチの訓練になる
（スピーチ能力向上機能）
3. いい本が見つかる
（良書探索機能）
4. お互いの理解が深まる
（コミュニティ開発機能）

ビブリオバトルをしよう!

放課後
じゃーんけん
僕が一番
このため《ビブリオバトル》にオレたち連れてこられてたんだな
好きな本持って来いって言われたじゃない
今気づいたの?
ん?
これ、トクヒロ先生が自分で用意した本じゃ?
江戸川端乱歩の怪人百面相シリーズ
児童書…
今日僕が紹介するのは

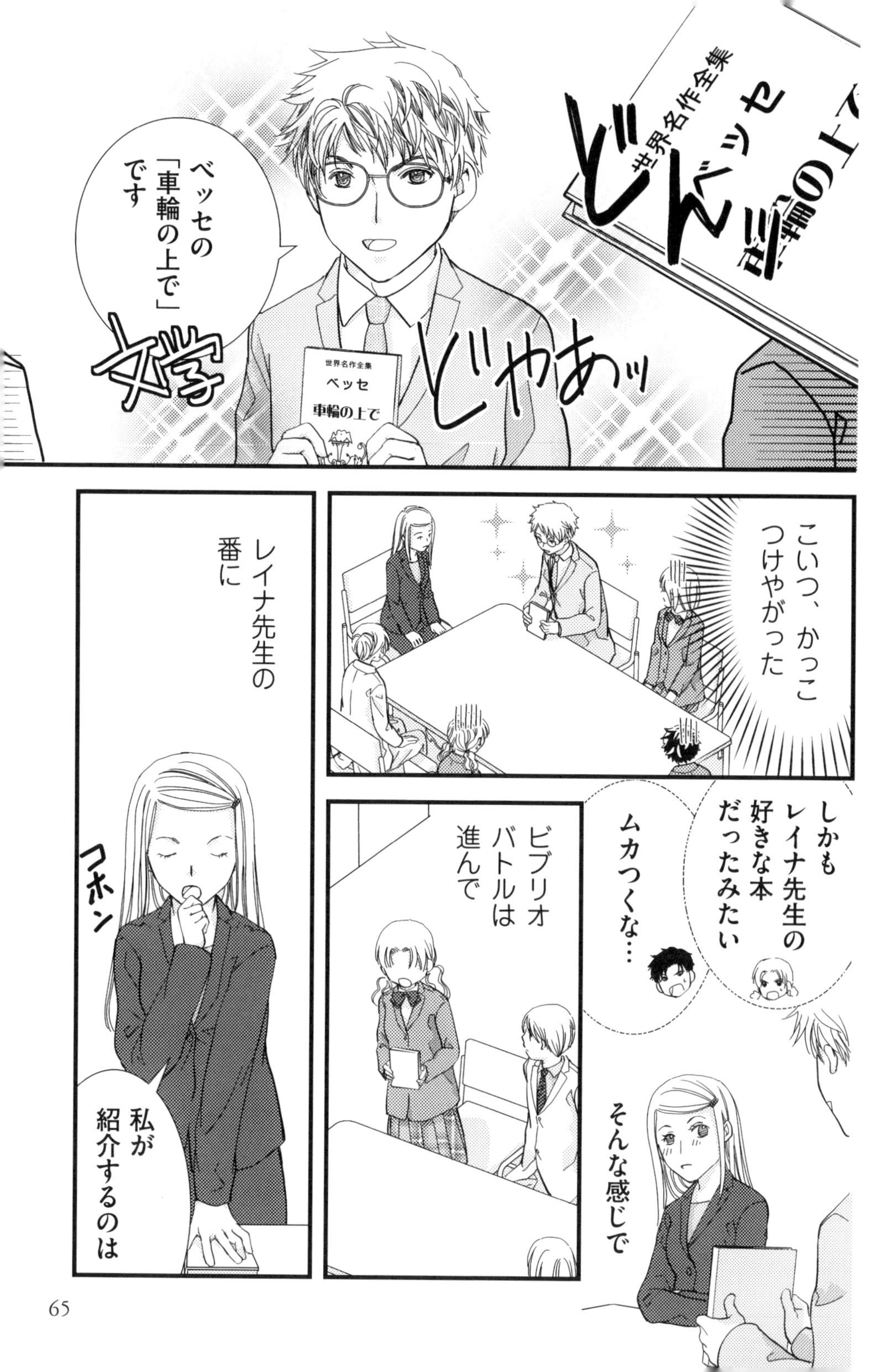
世界名作全集
ベッセ
車輪の上で
じゃあッ
ベッセの「車輪の上で」です
文学
世界名作全集
ベッセ
車輪の上で
こいつ、かっこつけやがった
しかもレイナ先生の好きな本だったみたい
ムカつくな…
ビブリオバトルは進んで
そんな感じで
レイナ先生の番に
コホン
私が紹介するのは

冬目漱石の「ココロ」です
三波文学全集
きたよ ド文学
……!
この本は冬目漱石の代表作で
それで その……
その…
まだ時間余ってる
五分いっぱい何でもいいからしゃべって下さい
レイナ先生がこの本を好きなのが分かる
あの本
校長先生が紹介した本と同じ作者で
気になって読んだんだけど
結構面白かったんだよね…
面白いの伝わってほしいし
何より
この話は主人公と「先生」の交流で始まるが
後半は主に先生の懺悔《ざんげ》

先生は昔、親友の好きな人を奪ってしまったんだけど
それが原因で親友は自殺をしたのだー
それだけ聞くと「暗い」
じさつ?
暗そう……
がんばれ
少しでも伝わって皆がこの本を避けないように
なんていうかこの作品の魅力は全体の雰囲気みたいなものでー
何とかよさを伝えて欲しいんだけど
ああもう
グダグダ超えてパニックになってる
ぐるぐる
その
それで
川波文学全集
ココロ
夏目漱石
お願い
あたしは…
波文学全集

突然のBL《ボーイズラブ》主張
「先生」（♂）と親友（♂）がくっつけば解決したと思うんですよね
文学全集
ココロ
お嬢様なんて放っておいて
だいたいこのおじょうさまっていうのが
？？？
ざ…斬新な解釈でしたね…
ぜーはー
レイナ先生ってひょっとして…
？？
レイナ先生はその後のディスカッションで挽回し
チャンプ本は

レイナ先生の紹介した「ココロ」！
川波文学全集
ココロ
冬目漱石
うそ…
どうでしたかビブリオバトルは？
楽しかったでしょう
それは
あたしがこの方法で生徒に教えてから答えます
素直じゃないな
（素直じゃないところも素敵だ…！
あの人は放っておこう

ビブリオバトルって面白いじゃないの……。

ビブリオバトルが広げる輪

本がない
用意した本ここに入れておいたはずなのに
ビブリオバトル関東大会
今日はビブリオバトルの関東大会なのよー!!
どうしよう
ビブリオバトル中学生大会関東予選

全国大会への出場を決める
まさにイベント型の大舞台
ビブリオバトル中学生大会関東予選
その学校代表の一人なのに
なにやってるのあたしは
落ち着いて
最悪、そこの図書館に借りに行けばいいだろ
ヒロト君
在庫検索ならスマホでも出来るし
ナツミさんも発表参加者↑
ナツミさんも…
ごめんね
特にヒロト君は秀栄中《ライバル》の代表なのに
あのー

この本って
アカネさんの
本？
トクヒロ先生
学校前のバス停に
あったんだけど
アカネの本って
分かってたんでしょ？
そりゃ
会場で会うけど
心臓縮みましたよ
相変わらずだわ
トクヒロ先生
ちょっと他に
あいさつあるから
バス停!?
そうよあたし
バスが来て
慌てて…
ブロロロ
メールくれたら
よかったのに
ご、ごめん
そうだよね
つい読んじゃって
アカネもね

相変わらず抜けてるというか
ビブリオバトルしてたら感じるけど
あれから何度かヒロト君をふくめビブリオバトルをした
ヒロト君は思いのほか負けず嫌いだったり
負けんっ
あきらめたら試合終了だー!
マンガを好きだったり
失礼なっ
あたしがヒロト君の別の面を見ることが出来たように
ヒロト君にもあたしの別の面が見えているのだろうか

いいかんじに見えていればいいけど
本のことごめんね
トクヒロ先生
あいさつおわったよーっ
確かにアカネさんにメールすべきだったよね
別の人の落とし物かもしれないし
連絡しないどころか読みふけっちゃうなんて
いえ、忘れた私が悪いんですし
…
その…さ
あの本もレイナ先生が好きな本なのかなって思ってしまって

……この本はたぶんレイナ先生の好みじゃないですよ
え!? そうなの?
ガーン……
レイナ先生の好きな本?
あたしレイナ先生が好きそうな本をトクヒロ先生に教えてあげたの
そうそう 怪人百面相シリーズもレイナ先生の好きな本でさあ
ああ…秀栄中でのビブリオバトルで隠してた…
ハイテンション
あたしの好きな本＝レイナ先生の好きな本じゃないので
?
そうなんだよ アカネさんが教えてくれた本がことごとくレイナ先生好みで
これもアカネさんが教えてくれたんだ
トクヒロ先生

この間ぶりです
レイナ先生
どーも
あの二人がうまくいってると思ったらアカネのおかげだったのか
いやうまくいってるのは
ナツミさんのおかげ
ナツミさんがレイナ先生の好みそうな本を選んでくれるから
へぇすごいな
え？レイナ先生？あの先生なの？BL《ボーイズラブ》好きかもしれないって言ってた人って

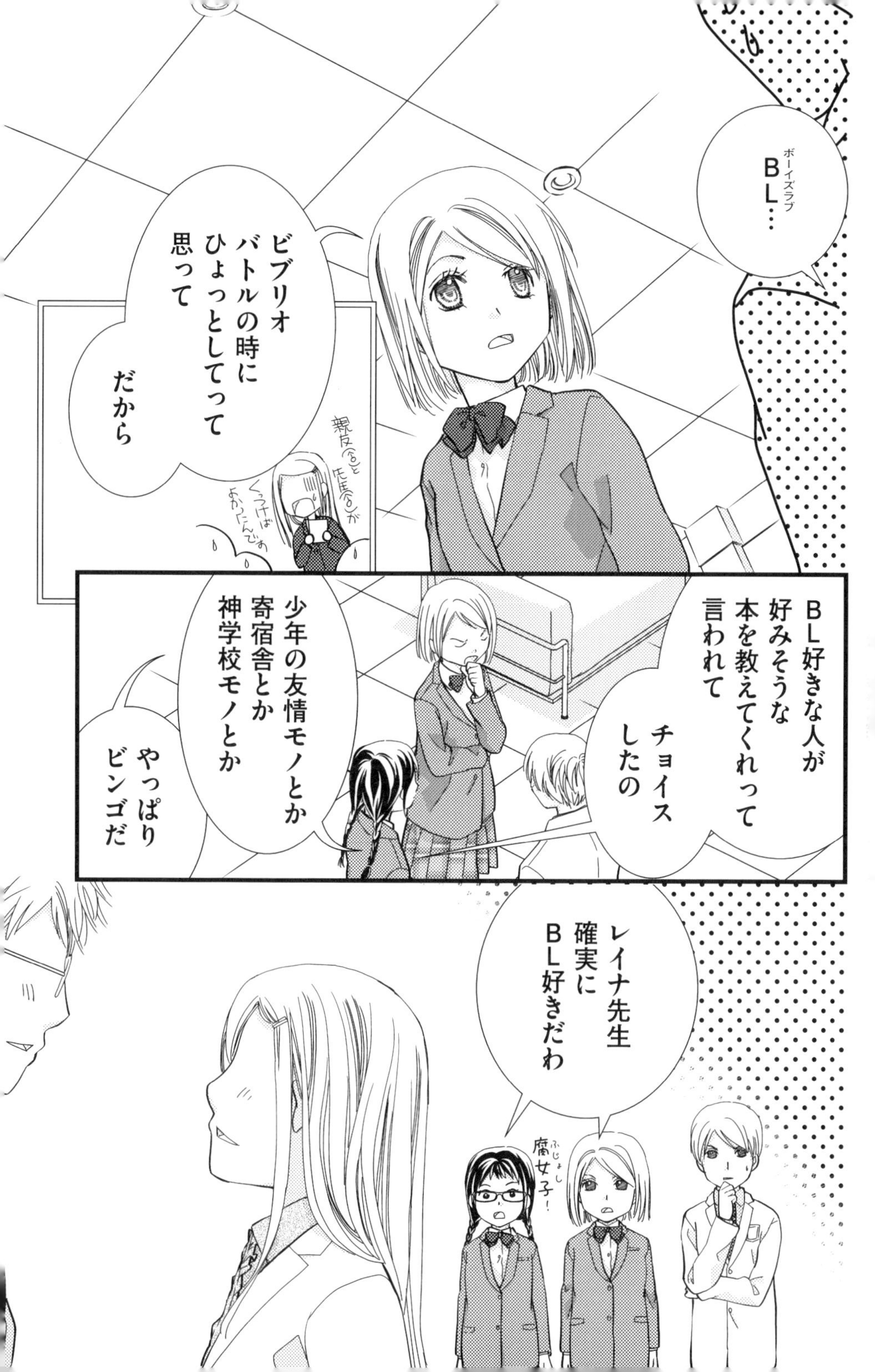
BL《ボーイズラブ》…
ビブリオバトルの時にひょっとしてってって思って
だから
親友(♂)と先生(♂)がくっつけばよかったんでぉ
BL好きな人が好みそうな本を教えてくれって言われて
チョイスしたの
少年の友情モノとか寄宿舎とか神学校モノとか
やっぱりビンゴだ
レイナ先生確実にBL好きだわ
腐女子《ふじょし》!

江戸川端乱歩怪人百面相シリーズもBL的見方があるみたい
う、うーん…
本を通して人を知る
人を通して本を知りまたつながっていく
本は面白い
これよりビブリオバトル関東大会を開催します
ビブリオバトル中学生大会関東予選

ビブリオバトル基礎知識とQ&A

トクヒロです。マンガ「ビブリオバトルに挑戦！」は、いかがでしたか？
学校でビブリオバトルをするにあたって、まずはルールの確認をしてみましょう。

ビブリオバトル公式ルール

① 発表参加者が読んで面白いと思った本を持って集まる。
② 順番に一人五分間で本を紹介する。
③ それぞれの発表の後に参加者全員でその発表に関するディスカッションを二〜三分行う。
④ 全ての発表が終了した後に「どの本が一番読みたくなったか？」を基準とした投票を参加者全員一票で行い、最多票を集めたものを『チャンプ本』とする。

「ビブリオバトル」は、この四つのルールに則って行えばどなたでも開催できます。本編のマンガにもありましたように、ビブリオバトルをすることで、読みたくなる本がどんどん増える、本を通してコミュニケーションが深まる、自分の考えを人前で発表することができるようになる……などなど、教育現場にとってはうれしい恵みをもたらしてくれます。ただ、主催者（教師・学校司書・イベントを企画する生徒など）がビブリオバトルのココロをよくわからないままに実施してしまうと、ビブリオバトル本来の「楽しさ」とその「効果」が失われてしまうことにもなりかねません。よくありがちな失敗の原因は、次頁の【公式ルールの詳細】を含めた公式ルールを変えて行ってしまうことです。そうすると、考えぬかれて設計されたビブリオバトルのゲームバランスが崩れてしまいます。ビブリオバトルは公式ルールを守ることでこそ、楽しいビブリオバトルになるのです。ルールを信頼して行うことで、参加する生徒や先生たちを読書を通じた楽しいコミュニケーションゲームにどんどん巻きこんでいきましょう。

公式ルールの詳細

①発表参加者が自分で読んで面白いと思った本を持って集まる。
a　他人が推薦したものでもかまわないが、必ず発表者自身が選ぶこと。
b　それぞれの開催でテーマを設定することは問題ない。

②順番に一人5分間で本を紹介する。
a　5分が過ぎた時点でタイムアップとし、発表を終了する。
b　原則レジュメやプレゼン資料の配布等はせず、できるだけライブ感をもって発表する。
c　発表者は必ず5分間を使い切る。

③それぞれの発表の後に参加者全員でその発表に関するディスカッションを2～3分行う。
a　発表内容の揚げ足をとったり、批判をするようなことはせず、発表内容でわからなかった点の追加説明や、「どの本を一番読みたくなったか？」の判断を後でするための材料を聞く。
b　全参加者がその場が楽しい場となるように配慮する。
c　質問応答が途中の場合などに関しては、ディスカッションの時間を多少延長してもかまわないが、当初の制限時間を大幅に超えないように運営すること。

④全ての発表が終了した後に「どの本が一番読みたくなったか？」を基準とした投票を参加者全員一票で行い、最多票を集めたものを『チャンプ本』とする。
a　紳士協定として、自分の紹介した本には投票せず、紹介者も他の発表者の本に投票する。
b　チャンプ本は参加者全員の投票で民主的に決定され、教員や司会者、審査員といった少数権力者により決定されてはならない。

※　参加者は発表参加者、聴講参加者よりなる。全参加者という場合にはこれらすべてを指す。

この章の「先生たち」とは、学校司書さんも含みます

さて、学校でビブリオバトルを行う場合は、マンガの豊嶋中学校のように、まずは先生たちが発表者となり、生徒たちを聴講参加者にして投票してもらうとよいでしょう。そうすると、生徒たちは「面白そうなゲームだな」とか、「先生たちが楽しそうだったからやってみようかな」という気持ちになると思います。その後にクラスでビブリオバトルを行う際にも、発表者となる生徒の気持ちを先生自身が理解できて、取り組みやすくなります。先生たちが、ビブリオバトルの楽しさをわかったうえで導入することが成功の秘訣です。

実際には、「総合的な学習の時間」や「ホームルーム」などの時間を利用して実施するのも一つの方法でしょう。学習の一環として行う場合でも、読書を主眼とした「国語」の時間だけではなく、「理科」や「社会」の時間に「調べ学習」の一環としてビブリオバトルを行ってみてはいかがでしょうか。ビブリオバトルは、大学の情報学研究科の研究室で、自分たちの勉強会に使う本を選ぶために考案されたものなのです。原点は「調べ学習」の方が近いわけです。

また「英語」や「数学」、「美術」などの時間に、その科目に関連のあるビブリオバトルを行うことで、思ってみないような本が飛び出す楽しい授業になるかもしれません。主体的な学習を進めるためのツールとして取り組むという視点も、学校でのビブリオバトルには必要だと思われます。

次頁からは、学校でのビブリオバトル開催時によくある質問を並べてみました。このほかにもビブリオバトルについては、公式ホームページ[※1]や発案者の解説本[※2]に詳しく紹介されていますので、ご覧になって下さいね。

※1　ビブリオバトル公式ウェブサイト　http://www.bibliobattle.jp/
※2　谷口忠大／著『ビブリオバトル』（文春新書）

授業ですし生徒に決めさせたらどんな本を持ってくるか分からないでしょう?
○生徒が紹介したい本を持ち寄る
×先生が発表する本を決める

学校でのビブリオバトルＱ＆Ａ

Ｑ１ 何名からできますか？

Ａ 最低三名以上の発表者が必要です。【公式ルールの詳細】に「紳士協定として、自分の紹介した本には投票せず、紹介者も他の発表者の本に投票する」とありますから、二人ではできませんよね。それ以上、何人で行ってもよいのですが、あまり発表者が多いと聴くほうも疲れてしまいます。四～六名程度の発表者がちょうどよい人数でしょう。五分の発表、二～三分のディスカッション、そしてチャンプ本を決める時間を考えると、発表者一人あたり十分弱の時間を見積もって行えばよいのではないでしょうか。

Ｑ２ 小学生でもできますか？

Ａ 小学生でもできます。本を読むことができて、その本のよさを人に伝えたいという気持ちがあれば、何歳からでもビブリオバトルは楽しめます。ただ、小学生だと友だちの話を長い時間じっと聴いているのが難しいということもあるでしょう。また、語彙《ごい》数も少ないために五分間の開催は困難なこともあるかもしれません。発表時間を五分間ではなく三分間とした「ミニ・ビブリオバトル」があります。小学生は、まずは「ミニ・ビブリオバトル」からチャレンジするのがよいでしょう。ただし、正式なルールは五分間であることを必ず伝えてから行いましょう。

一言アドバイス

ビブリオバトルにはおおよそ三つの開催方法があります。
① 少人数のコミュニティ型
② 複数グループで一斉に行うワークショップ型
③ 多人数の聴講参加者を集めて行うイベント型

学校で導入する場合、ワークショップ型から入るのが得策です。いきなりイベント型を行うと発表者にかなりプレッシャーがかかり、生徒にビブリオバトルに対する抵抗感を高めてしまいがちですので、できるかぎり避けましょう。

AQ3 はじめるにあたって、どんなものを用意すればいいですか?

発表する本とカウントダウンタイマーさえあれば、ＯＫです。カウントダウンタイマーは、ビブリオバトル公式ホームページに、パソコン用、タブレット端末用、スマートフォン用などいろいろなソフトが紹介してあり、そこからダウンロードすることもできます。

クラス全員をグループに分けて行うワークショップ型や、大勢の聴講参加者がいるイベントであれば、タイマーをプロジェクターでホワイトボードやスクリーンに大きく表示できるとよいでしょう。バスケットボールでつかうカウントダウンタイマーを使用している学校もありますよ。少人数のコミュニティ型のビブリオバトルでしたら、タブレット端末にタイマーを表示するのが手軽です。

AQ4 本を読まなくても参加できますか?

発表参加者になるには、紹介する本を読んでいる必要があります。聴講参加者はその必要はありません。ビブリオバトル公式ルールの①は、「発表参加者が読んで面白いと思った本を持って集まる」ことです。「いやぁ、この本、よかった!」とか、「あの人に勧めたくなっちゃった」と思う本を持ってきて、その本の内容やオススメのポイントをぜひ、聴いている人たちに伝えてみましょう。

Q5 五分間の発表時間は長いように思いますが、どうやって使えばいいのでしょうか？

A

とにかく自由に使いましょう。初めての発表では、「五分を使い切るのって、大変！」と思われる方もいるかもしれません。まずはビブリオバトルを少なくても三回、できれば五回は体験すると、自分の紹介する本についてどのように話せばいいのか、だんだんとそのコツがつかめてきます。

発表のスタイルはさまざまで、ストレートに本のあらすじと感想を話す人もいるでしょうし、途中までは本を出さずに一見まったく関係なさそうなことから導入する人もいます。また、はじめのうちはグダグダな発表でも構いません。マンガのレイナ先生のように、焦って思わぬことを話してしまうことだってあるのです（聴いている方は楽しいですよね！）。

発表することに慣れてくると、五分というのは絶妙な時間だということがわかってきます。聴いている側に立って、どのように話したらその本の面白さを伝えられるか、いろいろな方法で試してみるのも楽しいでしょう。

突然のBL主張
「先生」（♂）と親友（♂）がくっつけば解決したと思うんですよね
文学全集
ココロ

Q6 発表者が話している五分の最中に質問をする人がいますが……。

A

発表時間に発表を遮《さえぎ》るのはルール違反なので、基本的には禁止です。うなずいたり、合いの手を入れたり、面白いところで笑ったりするのは大歓迎です。きっとその方は、その本のことが知りたくて、すぐに質問したくなってしまったのかもしれません。でも、発表者の五分間は誰にもじゃまされずに発表する時間ですから、「質問するのはディスカッションタイムです」と、ビブリオバトルをはじめる前にきちんとルール確認をしておきましょう。

ビブリオバトルは本を使って行うスポーツのようなゲームです。ドッジボールでもトランプゲームでも、ルールに則って行うことが大前提ですね。ビブリオバトルをはじめる前に、ルールと共に基本的な姿勢もやんわりと説明できるといいでしょう。そして、ディスカッションタイムには、その方に活躍していただき、紹介した本のよさを引き出すような質問をしてもらいましょう。

Q7 投票のしかたもいろいろあるようですね。

A

投票のしかたにはよく知られているもので、三つの方法があります。①無記名投票、②挙手、③指さしですが、投票箱を用意して無記名投票にする（①）と、誰が誰に入れたのかがわからないので、入れる側も安心して投票することができます。読み上げながら開票していくとドキドキ感が増しますよ。少人数のコミュニティ型やグループ分けで行うワークショップ型のビブリオバトルでは、挙手で集計したり（②）、一斉に指をさして行

④チャンプ本を決めること
一番読みたいと思った本は
これ！

う（③）と手軽にできます。大きな会場で挙手では集計しにくいイベント型の場合は、ウチワや色紙などを用意してそれを挙げてもらうとわかりやすいでしょう。開催方法によってどのように投票するかを考えるのも、楽しいビブリオバトルになる要素かもしれません。

投票する前には、必ず書名をもう一度読み上げて、投票の規準が「一番読みたくなった本に投票する」ことを再確認してから投票をしてもらいましょう。

Q8 生徒が0票だった場合、どうフォローすればいいでしょう？

A

投票の際に「0票だった」ことがわかると、その生徒が落ちこんでしまうのではないかという心配もよく寄せられます。ここで重要なのは、ルールの④のある「一番読みたくなった本に投票する」ということです。0票だったからといって「読みたいと思われなかった」わけではないのです。

また、自分自身の発表が悪かったというわけでもないでしょう。もしかしたら投票する人たちは、かなり迷って投票したかもしれません。また「以前に読んだことのある本だった」という可能性もあります。そのときの関心事は人によってそれぞれです。選書や聴く人の気持ちにピタリとハマった本がチャンプ本になる……ということをくれぐれもお忘れなきように。そういう理由でチャンプ本が決まるということを参加者全員に伝えれば、「0票でもそんなに落ちこまなくてもいいんだ」とわかるのではないでしょうか。

たとえば、こんな事例が報告されています。

●ある会で0票だったのにもかかわらず、聴講参加者からは「一番めに読みたかった」と言われ、チャンプをとった本よりも多くの人から「その本、貸してほしい」と言われた。

●書店でのビブリオバトルで、チャンプ本になった本よりもほかに発表された方が多く売れた。
ビブリオバトルでチャンプ本を目指すことは大切ですが、得票数だけがすべてではありません。その場を通じて生まれるいろいろな出来事を大切にしましょう。

Q9 ルールを少し変えてみたいのですが……。

A

ビブリオバトルの四つのルールは、いわば「鉄の掟」で変更はできません！　「授業時間が足りないので質疑の時間を削って発表だけにしたい」とか、マンガにあったレイナ先生のようにチャンプ本を決めないなど、勝手にルール変更することは禁物です。サッカーのルールを改変して、「手をつかってもいい」とか「勝敗をつけない」とすると、もはやサッカーでなくなるのと同じです。一部でも改変してしまうと、ゲームバランスが崩れ、ビブリオバトルでいわれているさまざまな効果が全く得られなくなります。とくに、学校でのビブリオバトル導入は大失敗に終わった事例が多く報告されていますので、気をつけましょう。

変化をつけたい場合には、ルールは変えずにテーマを決めたり、楽しく演出するしかけをしてみたらどうでしょうか。ビブリオバトルの公式ホームページには、毎日のように行われているビブリオバトル開催情報が掲載されています。ネーミングから内容まで、いろいろな演出が施されているものもありますよ。着物を着てビブリオバトルをしたり、SF好きの人が集まるビブリオバトル、英語でビブリオバトルのほか、山頂や河原でビブリオバトルをするイベントなど、ユニークなものもあります。夏休みの夜に学校へ集まって「妖怪」をテーマにビブリオバトルをするなど、学校ならではの楽しい企画を考えてみてはいかがでしょうか。

Q10 バトルって、読書には必要ないと思いますけど……。

A

もちろん、読書そのものにはバトルは不要です。でも、本を紹介しあうコミュニケーションを活性化するには「バトル」、つまりゲームは有効な手段なのです。ゲーム化することで、より多くの人が本を通じて楽しくコミュニケーションする場所をつくることができます。トランプゲームで勝つ人がいるように、それには到達点を目指すためのゴール（＝チャンプ本を決めること）が必要です。個人的な趣味として楽しむ「読書」がビブリオバトルというゲームになったことで、本の楽しさをたくさんの人と共有する時間が生まれたわけです。

また、「バトル」という言葉は、現代の子どもたちが幼少の頃から遊びやゲーム、マンガなどの中で慣れ親しんでいる言葉ですよね。堅苦しく思われがちな読書に対して、「ビブリオバトル」というネーミングで、「なんだか面白そう！」と思う子どもたちが多いのも事実です。バトルは本来読書に必要ないものであるからこそ、日頃、読書に関心の少ない生徒たちを巻きこむツールになるのではないでしょうか。

そして、ビブリオバトルでは、どんなに上手な発表をしたとしても、その場にいる人の興味を喚起させせなければチャンプ本にはなれません。グダグダだったり、つたない発表だとしても、聴講参加者が「読みたい」と思える選書だったら、たくさんの票を獲得することができるでしょうし、よく知っている本であったとしても、思わぬ切り口で紹介されたことで、興味をもたれる場合もあるでしょう。また、ディスカッションタイムで出た質問の受け答えによっても、本の印象がだいぶ変わることもあります。そして、ゲームに必要な「運」も味方してくれなければ、チャンプ本には

なれないわけです。そんな「読書を楽しむゲーム」としての「ビブリオバトル」という呼称は、なかなか的を得ているものではないでしょうか。

Q11 文化祭で大会をやりたいのですが、なかなか発表者が集まりません。

A 85頁の「一言アドバイス」にもありますように、いきなりイベント型のビブリオバトルを学校で行うことはオススメできません。マンガの中でも、秀栄中学校は大会を目標にしてビブリオバトルをはじめましたが、楽しいビブリオバトルにはなっていませんでしたよね。学校ではまず、少人数制のワークショップ型のビブリオバトルを日常的に行うことです。そこで思わぬ本との出会いがあったり、発表するコツをつかむ体験なども積むことができます。そして、「またビブリオバトルをやってみたい」と思う生徒たちもきっと増えてくるでしょう。たとえば定期的に十回ほどのビブリオバトルをしたところで、年に一回のお祭りとして大きなイベントを行ってみてはいかがでしょうか。そうすれば、自然と発表者も集まってくるのではないかと思います。

Q12 クラスの生徒たちの関係が固定化されていて、ビブリオバトルをする前に結果が見えるような雰囲気がありますが、どうしたらいいでしょう。

A そういうときこそ、「ビブリオバトルを行うチャンス！」ではないでしょうか。マンガでも、ビブリオバトルをすることでおとなしいナツミさんの新たな一面を見ることができました。「本を通して人を知る　人を通して本を知る」場としてビブリオバトルを行うことで、今までなかった新しい関係が見えてくることがあるのです。

ただし、もし投票時に「一番読みたくなった本」という規準とは異なる規準で投票しているようすが見受けらたときには、全員でルールを再確認してみましょう。そして「一番読みたくなった本に投票することをきちんと守りましょう」と指導して下さい。

また、入学時や新学期など、まだ人間関係ができあがる前に、アイスブレイク的にビブリオバトルを行うことも学級経営の一つとして有効かと思われます。

Q13 初めてビブリオバトルを行うときに、インターネットにある動画を使って、どういう感じで開催しているのか生徒たちに見せたいのですが……。

A

動画を見せるのはＯＫです。ただ、インターネットサイトで出回っている動画は、イベント型のビブリオバトルで予選会を勝ち抜いていった人のものが多いようです。ワークショップ型やコミュニティ型ですすめる学校での開催にはあまり参考にはならないでしょう。むしろ、生徒たちのハードルを高めてしまう可能性もあります。生徒たちが安心して取り組めるような雰囲気のある、コミュニティ型の発表動画だったらよいかと思います。

動画を見せるよりも、先生たちが生徒たちの前でビブリオバトルをやってみることがベストですよ。マンガでは豊嶋中学校の校長先生がビブリオバトルで意外な一面を生徒の前でみせていましたが、そのようなことがあると楽しいですね。

Q14 ビブリオバトルの実践事例として研究授業で発表する予定ですが、うまくいく方法を教えてください。

A

普段の生徒のようすをそのまま見せてください。その際には必ず、【公式ルールの詳細】も含めた公式ルールをきちんと紹介して、参観者にもその順守を伝えましょう。発表者の先生が緊張していると、生徒たちにも伝わりますから、楽しいビブリオバトルができるよう、リラックスムードがつくれるといいですね。先生がビブリオバトルの楽しさを十分体験していれば、研究授業もきっとうまくいくと思います。

Q15 ビブリオバトルを行うにあたって、話す内容をまとめたワークシートを生徒に作成させようと思っていました。でも、「ビブリオバトルでのワークシート作成は避けるべきだ」という話を聞きました。本当でしょうか？ また、生徒にワークシートに取り組ませる場合の注意点があれば教えてください。

A

はい、本当です。むやみなワークシートの作成課題は避けましょう。それについては次の三つの理由があります。

① 発表時に読み上げる原稿として利用してしまう。
② 話し言葉ではなく、書き言葉になってしまう。
③ 聴いている人に向けてではなく、先生に向けた発表になってしまう。

①については、発表時にワークシートや原稿があることで、つい安心してそれを読み上げてしまう

ことがあるからです。すると発表はうつむきがちの棒読みになり、目の前で聴いている人は「置き去りにされた」気持ちになります。そのとたんに、コミュニケーションの場はつまらなくなるでしょう。結果、ビブリオバトルがつまらない＝読書がつまらない…となる可能性もあるのです。その本のよさを伝えるには、できるだけ聴いている人のようすを見ながら発表することだと思います。興味がありそうなところはその話を深めたり、あまり関心がなさそうなところはサラッと流したり、聴いている人も楽しめるような場をつくることで、本に関する興味だけでなく、発表者への興味もわくことでしょう。マンガでもレイナ先生はいきなりビブリオバトルを初体験しました。そこで思わぬことを話してしまったわけですが、それが聴いている人の気持ちをつかんでいましたよね。そんな偶然のできごともあったりすることがこのゲームの面白さでもあるのです。

②の「書き言葉になる」についてですが、もしワークシートに「はじめに・内容・感想・おわりに」のような項目立てがあった場合、生徒のほぼ全員の発表がその枠にはまってしまう可能性があります。クリエイティブではない、型にはまった発表がずっとつづくわけです。そういうビブリオバトルが、果たして楽しい場になるでしょうか。アクビの嵐になりそうですね。ビブリオバトルには、書籍という書き言葉のものを話し言葉で伝えるところに一つのポイントがあります。文章を書くこととはちがう、相手に話して伝えるというコミュニケーション能力が必要になってくるわけです。

③の「先生に向けた発表になる」ということですが、生徒がつくったワークシートを先生がチェックするとか、採点して成績評価の対象とするとなった場合、生徒はワークシートをうまくつくれるような行儀のよい本を持ってこようと思うでしょう。そして、周りの友だちへの紹介は二の次となってしまうかもしれません。当然、みんなが読みたい本を探して持ってくるというビブリオバトルの仕組みはメチャクチャになっ

てしまいます。そういう意味でも、評価対象となるワークシートをつくることを強要するのは避けてほしいと思います。

とはいえ、発表することに慣れていない、とくに小学生など低年齢で、どうしてもワークシートを取り入れたいという場合には、本の情報や自分の感情を整理するためにポイントのみを箇条書きにする程度なら問題ないかもしれません。でも、その箇条書きのワークシートが手元にあることで、発表時についついうつむきがちになることもあるでしょう。そうならないように、「発表中にはワークシートを手に持たないようにする」とか、「できるかぎりそれを見ないで紹介するように」と指導しましょう。ポイントを組み合わせてどう話していくかは、実際の発表の場で何度も体験していくことで、自然と身についていくと思います。

発表がグダグダになってしまったり、言葉に詰まってしまっても、発表時間はその人の持ち時間です。そこで大事なのは、聴いている側の雰囲気ですから、先生や司会する立場の人がその時間をきちんと保障してあげましょう。初めて取り組む生徒を安心させたい場合は、ワークシートのようなものを準備させるよりも、むしろ「ビブリオバトルはグダグダになってもいいんだよ」、「自分の言葉で好きに話していいんだよ」といったようにハードルを下げてあげる取り組みが一番重要でしょう。

Q16 ビブリオバトルを成績評価に用いたいと思いますが、どのように評価するのが適切でしょうか?

A

国語などの授業時間にビブリオバトルをする場合、成績評価はつきものです。現在は絶対評価ですから、他の人と比べる必要はなく、たとえば「関心・意欲・態度」に関しては「楽しく参加できたか」、「熱心に聞いたか」、「紹介された本を読みたくなったか」、「ディスカッションタイムに質問をしたか」

など、また「思考・判断・表現」に関しては「思っていることを伝えられたか」、「発表の工夫をしたか」などでよいかと思います。少なくとも、チャンプ本に選ばれた生徒の評価を上げるということはしないで下さいね。

全員参加のワークショップ型のビブリオバトルの場合、「読書はきらい」とか「人前で発表することなんてとてもできない！」という生徒もいるかもしれません。参加するだけでも「よくがんばったね」と評価してあげたいものです。「大変だったけど、最後まで発表できた」と生徒が達成感をもつことで、きっと次へのステップアップにつながることでしょう。

Q17 学校で楽しく行う秘訣を教えてください。

A

まずは生徒の前で先生たちが楽しそうにやってみせることが重要です。必ずチャンプ本を決めるところまでやりましょう。ときに、自分がビブリオバトルで投票されることから逃げる先生がいますが、ダメですよ。まずは大人が背中を見せましょう。先生たちが本気になってビブリオバトルを楽しんでいる姿を見た生徒が「面白そう…」と思ったら、たぶん自分たちもやりたくなると思います。くり返して何度もやることで、生徒たちはアカネのように、「本を紹介しあうだけのゲームのはずなのに、なんだかわくわくする」気分になるでしょう。きっと生徒の方から「ビブリオバトル、やろうよ」と言ってくると思いますよ。

学校で実施する最適な方法は、グループ分けして全員が発表者となることができるワークショップ型のビブリオバトルです。その際、自分のグループ以外で紹介された本はわかりませんから、ビブリオバトルが終わったあとにチャンプ本獲得者が前に出て、書名と簡単な概要だけを三十秒位で報告す

るというスタイルもあります。また、そのクラスで紹介された本を全冊、教室のうしろに一定期間展示するのも面白いかもしれません。そのときに、書店のポップのように、紹介者のひとことなどがあると、より楽しめると思います。

よく知っているメンバー同士のビブリオバトルにしても、その人たちの新たな一面を発見することがあります。またビブリオバトルのあとには、紹介し合った本の話題に花が咲いたりすることもよく見られることです。そこで生まれたコミュニケーションの種を植えて育てるような時間を設けることで、今回のマンガでご紹介したように、思いもかけないような芽が出たり、すてきな花が咲くこともあるでしょう。そんなコミュニケーションゲームとしてのビブリオバトルをぜひ、先生たちも生徒たちといっしょになって楽しんでください。

最後に、ビブリオバトルを体験した先生たちの声をご紹介しましょう。

子どもたちからは、
「バトル」と聞いただけで
「やりたい～」と
いう声があがった。
(20代・小学校教師)

クラスで行った
ビブリオバトルで
紹介された本を、
学級文庫の棚に
入れている。
(40代・小学校教師)

普段は読まない
ジャンルの本も、
ビブリオバトルで
紹介されて、
読みたくなった。
(30代・中学校教師)

ビブリオバトルをやってみました！
（先生たちからの報告・感想）

職場では、
あまり話すことのない
先生の趣味が
わかって驚いた。
（30代・中学校教師）

本に対する
興味だけではなく、
発表者に対しても
興味がわくようだ。
（50代・高等学校教師）

本を読みなおしたら、
自分が引っかかっている
部分がよくわかった。
（40代・中学校学校司書）

最初、発表する原稿を
つくってみたけれども、
それなしで発表したら、
まったくちがうことを
話している自分に
驚いた。
（30代・小学校教師）

保護者会で、
「お父さん、お母さんに
すすめたい本」
なんていう
ビブリオバトルを
したら、面白いかも。
（30代・小学校教師）

改めて「聞く力」の
重要さを感じている。
「聞く力」が育つと、
ディスカッションタイム
での質問も活発に
なるようだ。
（30代・高等学校教師）

普段はおとなしくて
自分から話さない子が、
ビブリオバトルでは
雄弁に語っていて
ビックリした。
（40代・小学校学校司書）

おわりに

『マンガでわかる　ビブリオバトルに挑戦！』は、いかがだったでしょうか？

短いマンガの中に少しでもビブリオバトルの学校実践のエッセンスを詰めこめればと、監修・マンガ・文の三人タッグで一冊をつくりあげました。少しでも学校や図書館での活用実践の一助にしていただければと思います。

ビブリオバトルが京都の地から少しずつ全国へと普及し始めて六年、二〇一六年度は初めてビブリオバトルが学校の教科書（一部）に掲載される年となりました。二〇一六年は、ビブリオバトルにとっては、新しい飛躍の時だといえるでしょう。発案と普及活動開始当初から、ビブリオバトルを通して、学校での学びのあり方に少しでも新しい風を吹きこみたいと願っていた私としては、うれしい限りです。

一方で、「学校」という場所はビブリオバトルにとって「特殊」な場所であることも確かです。ビブリオバトルと聞くと図書館や学校が「普通」の場所だとイメージされる方も多いかもしれませんが、実際には「普通」の場所は、カフェや読書会、主婦仲間のお茶会、ゼミなどの情報共有の場など、つまり、コミュニティ型のビブリオバトルが開催される場所だといわれます。

本書でトクヒロ先生が念押しをしていたように、ビブリオバトルはゲームであり、楽しくあってこそのビブリオバトルです。ゲームはみんなを夢中にさせます、何のご褒美もないのに、ゲームに勝ちたいために一生懸命になります。そういう、みんなの「やる気」がビブリオバトルのさまざまな効果を生み出していくのです。ゲームの効用を社会の問題解決に役立てようとする研究における第一人者であるジェイン・マクゴニガルは、ゲームの四要素に①ゴール、②ルール、③フィードバック、④自発的な参加、を挙げています。ビブリオバトルは通常、この四要素を見事に満たしています。チャンプ本を獲るという「ゴール」に、公式「ルール」、みんなからのリアクションという「フィードバック」、そして参加したい時に参加するという「自発的な参加」。ビブリオバトルはまさに書評を介した書籍情報・知識共有をゲーム化した枠組みなのです。

ところが、実は先にあげた四要素の④に学校実践の特殊性が影響を与えます。教室という場で授業時間に行うビブリオバトルは、生徒にとって「自発的な参加」とはいきません。また、学校実践では教室や授業時間という場面が、リラックスしてビブリオバトルを楽しむという気持ちから、どうしても先生や生徒たちを遠ざけてしまいがちです。中には「どんなに好きなことでも先生から『やれ』と言われたらイヤ」という生徒もいるでしょう（僕自身もそんな生徒だったような気もします）。この学校ならではの特殊性を、学校のさまざまな制約条件の中で緩和しつつ、生徒たちを笑顔の中に巻きこんでいくこと。それこそが、ビブリオバトル学校実践の本当の課題となります。

ビブリオバトルの学校実践が日本のさまざまな学校で少しずつはじまってから三、四年程が経ちました。はじめは本当に手探りでしたが、成功談や失敗談、たくさんの議論や考察の中で、学校実践のポイントも随分と明らかになってきました。そのポイントをできるだけ直感的にご理解いただけるように、マンガの中で表現したつもりです。

簡単に振り返ると、①先生がはじめにやってみて理解する（やってみせる）、②ワークショップ型、コミュニティ型を基本とする、③くり返し行い、個々の生徒が自分で工夫する余地を確保する、というあたりが学校実践のポイントといえるでしょう。もちろん、「自分で本を選ぶ」や「発表・質問時間を守る」といった公式ルールの内容はありますが、それはビブリオバトルである以上は当然のことですね。

人間は、知的な創造活動・表現活動を「強制」された義務的な気持ちの上では効果的に行うことができません。ビブリオバトルによる読書活動を、能動的な調べ学習や得た知識に基づく自らの思考や表現へと育んでいくためにも、ビブリオバトルを好きになってもらう。そのために、リラックスした楽しい「場」をつくる。それこそが先生の役割となるでしょう。ビブリオバトルを「生徒にさせる」のではなく、「生徒を誘って」ビブリオバトルを「一緒に楽しむ」というような先生の心の持ちようこそ、ビブリオバトルの学校実践を成功に導く最大の鍵なのです。
ビブリオバトルを学校に導入しようとするモチベーションはさまざまです。これまでの国内の学校でのビブリオバトル実践では、読書推進やコミュニケーション能力の醸成というものが大きな部分をしめてきました。今後、調べ学習や学級経営というような要素が盛りこまれることもあるでしょう。もちろん、それらのいずれにもビブリオバトルは貢献することがきっとできると思います。
しかし、ビブリオバトルは魔法でもなんでもありません。ただ、一度だけビブリオバトルを開催すればすべてが解決するなどというのは、妄想でしかありません。日々のコツコツとした学びを何よりも大切にすきですし、教育の場においてはもちろん、そのような安易な考えは避けられるべきものです。継続は力なり。ビブリオバトルのよさもくり返し楽しむことでこそ見えてくることがたくさんあります。ぜひ、ビブリオバトルを「一回だけやる」のではなく、「継続して行う」ことができるように工夫していただければと思います。
学校実践を始める際にこれまでしばしば起きてきた不幸な事象は、先生が自分自身はビブリオバトルをせず、その体感も持たぬまま、ビブリオバトルの大会を開催することを大切と考えてしまう誤解によって生じてきました。「うちの学校でもビブリオバトルを実践します。今年は秋に全校で一回やる予定です」というような話をよく耳にしました。もちろん、ゼロ回と一回の間には大きな差がありますが。
しかし生徒一人の視点にたてば、一回きりのビブリオバトルでは、何の試行錯誤による探索のチャンスもありません。「今度はああいう本を紹介してみよう」、「あいつ、ああいう本が好きなのか。じゃあ、今度はあれを紹介しよう」、「こういう風に発表してみよう」、「次こそはチャンプ本を……」、そういう思いが湧き上がり、また次に挑戦することで、一人ひとりの物語が動き出す。そういう場をつくれていることこそ、学校・図書館でのビブリオバトル活用実践の本当の成功事例なのだと思います。
放課後の学校でサッカーに興じる子どもたちは楽しそうです。サッカーボールを蹴る子どもたちは決してうまいわけではありません。でも、ゲームの中で試行錯誤をくり返し、自分なりの発見を重ねていく姿が私は好きです。そういう場があることはすばらしいと思います。ビブリオバトルも同じです。大きな大会が年に一回あることよりも、一人ひとりの生徒が自ら本を探し、読み、体を動かして、話し合い、楽しみながら、くり返しプレイし、自らの中で、また友だちとの間で、何かを育むことのできる環境をつくっていくことこそ本質でしょう。

授業という時間の中の実践ということになると、ついつい「発表」にばかり目が行き、「うまい発表」をさせることが目的に思えてしまうことがあるかもしれません。そのために原稿執筆の指導をし、生徒の表現内容に直接指導を入れることに重きをおいてしまう先生がいることも確かです。上手な発表をデザインするよりも、生徒たちが下手でもいいから、能動的に創造的に取り組むという環境をデザインするということこそ、先生の役割です。生徒たちが「失敗する自由」、「チャレンジが許される安全」をしっかりと確保するようにつとめましょう。

本書の中で、トクヒロ先生やアカネたちはすばらしいビブリオバトルの楽しみ方を演じてくれました。気楽に愉しめば、ビブリオバトルは面白い「何か」を、きっとコミュニティの中に生んでいってくれるでしょう。マンガの中でアカネたちの読書体験が積み重ねられるとともに、一人ひとりの人間関係が動き始めたように、「人を通して本を知る、本を通して人を知る」ビブリオバトルの活用実践の中で、皆様の学校・図書館に通う一人ひとりの中で、間で、幾百、幾千の新しい物語が動きだすことを心から願っています。

二〇一六年一月十二日

英国滞在中の自宅にて　谷口忠大

谷口　忠大（たにぐち　ただひろ）●……………………監修・マンガ原案

1978 年、京都府京都市生まれ。京都大学大学院工学研究科精密工学専攻博士課程修了。立命館大学情報理工学部知能情報学科准教授。ビブリオバトル発案者。ビブリオバトル普及委員会理事。著書に『ビブリオバトル 本を知り人を知る書評ゲーム』（文春新書）『記号創発ロボティクス』『イラストで学ぶ　人工知能概論』（講談社）など。監修に『ビブリオバトルを楽しもう ゲームで広がる読書の輪』（さ･え･ら書房）などがある。

沢音　千尋（さわね　ちひろ）●……………………マンガ

マンガ家、イラストレーター。挿絵を担当した作品に『ポケネコ・にゃんころりん』シリーズ（フォア文庫）などがある。有吉望名義での挿絵に『ご機嫌ななめ のファイトガール』シリーズ（集英社コバルト文庫）など。マンガでは『黄泉の河』1～3 巻（秋田書店）『浅見光彦ミステリースペシャル』シリーズ 13 巻､19 巻､21 巻（実業之日本社）『ポケネコ・にゃんころりん』コミカライズほか。少女児童向けに幅広く活動中。

粕谷　亮美（かすや　りょうみ）●……………………文

サンタポスト主宰。ビブリオバトル普及委員。ライター。著書に『ビブリオバトルを楽しもう　ゲームで広がる読書の輪』（さ・え・ら書房）､『あなたの知らないカビのはなし』､『あなたの知らない細菌のはなし』､共著に『妖怪の日本地図』 1～6巻（大月書店）､編集協力に『絵本は語る　はじまりは図書館から』､『3･11 を心に刻むブックガイド』（子どもの未来社）などがある。

カバー・本文デザイン・DTP ／シマダチカコ

マンガでわかる ビブリオバトルに挑戦！
学校・図書館で成功させる活用実践ガイド

2016 年 3 月　第 1 刷発行　　2020 年 1 月　第 3 刷発行
監修・マンガ原案　谷口忠大
マンガ　沢音千尋
文　粕谷亮美
発行者　浦城寿一
発行所　さ・え・ら書房
〒 162-0842 東京都新宿区市谷砂土原町３－１
Tel:03-3268-4261　http://www.saela.co.jp/
印刷・製本　光陽メディア　Printed in Japan

ISBN978-4-378-02228-4 NDC 019